COUR D'APPEL D'AMIENS.

PROJET DE LOI

SUR

LES FAILLITES

RAPPORT DE LA COMMISSION

—————✕—————

AMIENS

IMPRIMERIE A. DOUILLET & Cⁱᵉ

13, rue du Logis-du-Roi.

1885

COUR D'APPEL D'AMIENS

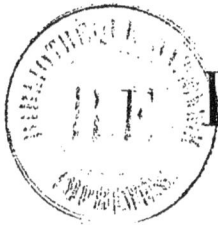

PROJET DE LOI

SUR

LES FAILLITES

Rapport de la Commission.

Messieurs,

Le projet de loi qui vous est communiqué constitue une nouvelle législation complète sur les faillites.

La commission de la Chambre des Députés s'était posé une première question, celle de savoir si cette législation serait faite pour les seuls commerçants ou si elle devait être étendue aux non commerçants. Elle s'est prononcée pour le maintien de l'état de choses actuel dans lequel les commerçants peuvent seuls être soumis au régime de la faillite.

Nous avons pensé qu'il n'appartenait pas à votre commission de vous proposer des observations à ce sujet. Ce serait sortir du cadre qui vous est tracé. Car une législation qui organiserait la faillite même pour les non commerçants ne comporterait pas seulement le code spécial à la faillite, mais entraînerait des modifications nombreuses et importantes dans notre droit en général et probablement dans l'organisation des juridictions. Elle devrait par conséquent avoir pour base une étude approfondie et détaillée de matières variées auxquelles ne touche point le projet de loi sur lequel vous êtes appelés à formuler votre avis.

Nous avons donc écarté toute discussion sur ce point, estimant que la seule chose qui pourrait être faite, si vous adoptiez le sentiment d'ailleurs unanime de votre commission, serait d'exprimer un vœu pour que cette question si importante, mais si complexe, soit l'objet d'une sérieuse étude.

Le projet de loi dont nous avons à nous occuper peut être divisé en deux parties distinctes.

On y trouve d'abord, au premier plan, une innovation juridique, l'introduction d'un régime nouveau qu'on appelle la *liquidation judiciaire* et qui crée un état différent de l'état de faillite.

Vient ensuite une révision des dispositions qui régissent la faillite.

Cette révision ne comporte pas seulement les modifications nécessitées par l'introduction du nouveau régime de la liquidation judiciaire. Elle comprend un certain nombre d'améliorations de détail qu'il conviendrait d'apporter à la loi des faillites et qui ne se rattachent point au nouveau régime proposé.

Nous allons nous occuper, en premier lieu, de l'innovation proposée. Ce sera la première partie de notre rapport.

La seconde sera consacrée aux améliorations de détail.

1re PARTIE.

Innovation. — Liquidation judiciaire.

Dans la pensée de mettre un terme aux concordats amiables le projet de loi organise une procédure nouvelle sous le nom de *liquidation judiciaire*.

En voici l'économie :

La cessation des paiements n'entraîne pas nécessairement la faillite. Le débiteur peut, pourvu qu'il le demande dans les 10 jours de la cessation de paiement, obtenir le bénéfice d'une liquidation judiciaire.

Le jugement qui l'accorde n'est susceptible d'aucun recours.

Il n'est pas publié.

Il n'est point notifié au Ministère Public.

Le débiteur n'est pas dessaisi. Il conserve l'administration de ses biens sous la surveillance d'une personne nommée par le Tribunal et qualifiée *liquidateur*.

La continuation du commerce, quoiqu'elle ne soit pas une conséquence nécessaire de la liquidation judiciaire, est dans le vœu de la nouvelle loi. Il suffit pour l'autoriser d'une ordonnance du juge-commissaire

Il n'est pas fait d'inventaire.

Dans la quinzaine du jugement d'ouverture les créanciers se réunissent, prennent connaissance de la situation qui leur est présentée par le débiteur et nomment deux contrôleurs pour la vérifier.

Le lendemain, ils sont invités à produire leurs titres dans la quinzaine. On procède à la vérification des créances. Les contestations qui s'élèvent à ce sujet sont jugées dans un bref délai.

La vérification terminée, on vote sur les propositions de concordat.

Si le concordat est homologué, le débiteur n'a jamais été failli.

S'il est rejeté, les créanciers sont de plein droit en état d'union.

Il en est de même toutes les fois que, pour une cause quelconque, le débiteur est privé du bénéfice de liquidation judiciaire.

Votre commission s'empresse de reconnaître tous les inconvénients des concordats amiables qui se pratiquent aujourd'hui et vous propose de donner une adhésion complète à la pensée de mettre un terme à ces transactions interlopes.

Mais elle estime que la liquidation judiciaire, telle qu'elle est organisée dans le projet de loi, ne donne point satisfaction suffisante aux intérêts publics et privés que met en jeu l'état de cessation de paiements d'un commerçant.

Elle le trouve trop dur pour le débiteur dans certaines de ses dispositions, dans d'autres trop insoucieux du droit des créanciers et des garanties que réclame l'ordre public.

Nous allons vous soumettre les points principaux qui nous ont paru devoir être critiqués.

DU DÉLAI DE 10 JOURS.

On donne 10 jours au débiteur qui a cessé ses paiements pour demander la liquidation judiciaire. Passé ce délai, il sera nécessairement failli et failli non concordataire puisque, d'après le projet, la faillite entraîne forcément l'état d'union.

Il nous semble que c'est faire au débiteur une situation bien cruelle. Nous comprenons combien il est désirable que le commerçant qui cesse ses paiements en fasse immédiatement l'aveu. Mais la peine qu'on lui inflige s'il laisse passer ce délai de 10 jours nous paraît excessive.

La cessation de paiements est un fait si complexe, si peu facile à préciser que le projet de loi recule, comme l'a fait la loi de 1838, devant une détermination des circonstances diverses qui peuvent le caractériser. Elle laisse au juge le soin d'apprécier ces circonstances. Le débiteur peut-il être à l'égard de lui-même un juge qui fasse exactement cette appréciation difficile ? Assurément il se trompera plus que tout autre. Il s'illusionnera sur ses propres ressources, sur les secours qu'il peut espérer, il ne se dira pas à lui-même de pénibles vérités. Et par suite de ces illusions, si naturelles, par suite d'une négligence, d'une faiblesse, bien faciles à comprendre, il laissera passer le délai fatal. Dès lors le voilà failli et irrémissiblement condamné à l'état d'union. C'est trop dur.

C'est en même temps injuste au regard des créanciers. Ceux-ci n'auront plus en effet le droit d'accorder un concordat. Ils auront été privés, par une simple négligence du débiteur, de la possibilité de le replacer à la tête de ses affaires et d'obtenir de la famille les sacrifices que souvent elle s'impose en pareil cas.

La rigueur du projet de loi est inspirée par le désir d'amener le débiteur à faire sa déclaration de cessation de paiements dès qu'elle existe et d'éviter ainsi les actions en report de faillite, principale cause des procès qui retardent les opérations.

Nous ne pensons pas que la pénalité excessive de l'état de faillite et d'union forcée ait la vertu de transformer la nature humaine et de supprimer dans le cœur du débiteur les espérances, les illusions et les faiblesses.

Il est plus humain et plus pratique de laisser aux Tribunaux, sans les lier par un délai fatal, l'appréciation des situations qui comportent le bénéfice de l'exemption de faillite.

DES RECOURS CONTRE LE JUGEMENT.

Le projet porte, dans son art. 527, que le jugement qui ouvre la liquidation judiciaire ne peut être attaqué ni par opposition ni par appel ni par voie de recours en cassation.

Cette disposition exorbitante du droit commun nous parait devoir être repoussée.

Elle se concilie mal d'ailleurs avec d'autres articles du projet.

L'art. 468 porte en effet que le Tribunal peut, à toute époque, retirer le bénéfice de liquidation judiciaire au débiteur qui s'en est rendu indigne par une fraude quelconque.

Si un créancier intente une action à cette fin le lendemain du jugement d'ouverture n'est-ce pas la même chose que s'il formait opposition à ce jugement?

La décision qui interviendra sur son action sera susceptible d'appel puisque le projet ne dit pas le contraire et que l'appel est de droit commun.

Pourquoi donc ne pas admettre que le jugement d'ouverture peut être frappé d'opposition ou d'appel?

Cela est d'autant plus naturel que le jugement qui refuse d'accorder au débiteur le bénéfice de liquidation judiciaire parait, dans le silence du projet, pouvoir être frappé d'appel par le débiteur aussi bien que le jugement qui lui retire ce bénéfice.

Ce qui nous détermine à critiquer la souveraineté des pouvoirs que le projet accorde aux Tribunaux de Commerce c'est que, dans le système du projet, les conséquences de leurs décisions atteignent d'une façon irrémédiable les droits du débiteur et les intérêts de ses créanciers. Le refus ou le retrait du bénéfice de liquidation judiciaire entraîne forcément l'état d'union.

Si ces conséquences étaient écartées, nous admettrions volontiers que les décisions du Tribunal fussent sans appel, comme nous le dirons plus loin.

DE LA PUBLICITÉ.

Le jugement qui ouvre la liquidation judiciaire n'est pas publié.

Dans notre pensée ce défaut de publicité a les plus graves inconvénients. On a voulu ménager le crédit du débiteur ; mais on a sacrifié l'intérêt des tiers et des créanciers.

Comment en effet les tiers qui contracteraient avec le débiteur depuis sa cessation de paiements seront-ils traités ? Le projet ne le dit pas. —

Leur refusera-t-on de concourir avec les créanciers antérieurs? Ce serait commettre une évidente injustice si ces tiers sont de bonne foi, s'ils ont été trompés par le débiteur qui leur a dissimulé sa véritable situation. On peut dire que la loi est ici complice de la fraude en supprimant la publicité nécessaire. Si au contraire on les admet à concourir, on lèse les droits des créanciers antérieurs qui doivent avoir pour

gage l'actif tel qu'il existe au moment de la cessation de paiements, comme le reconnaît l'art. 441 du projet portant que le
débiteur « ne peut contracter aucune nouvelle dette ni aliéner
« aucune partie de son actif. »

Nous ne comprenons pas bien qu'on redoute la publicité du jugement qui, s'il accuse la mauvaise situation des
affaires du débiteur, proclame en même temps que le Tribunal le considère comme de bonne foi, puisqu'il le dispense de
la qualification de failli et lui accorde le bénéfice de la liquidation judiciaire.

Nous croyons qu'il est extrêmement important pour la sécurité et la loyauté des transactions que les situations soient
bien précises : celle que crée le projet est loin d'être nette.
D'une part il prescrit l'inscription sur les immeubles du débiteur (444), ce qui est assurément une publicité donnée à sa
cessation de paiements : il remet en ses mains (441) un extrait
du jugement à l'aide duquel le débiteur arrêtera les poursuites
des créanciers en produisant cet extrait au Tribunal, ce qui
sera encore un fait public ; et d'autre part le projet recule devant la publicité d'une insertion dans les journaux. C'est un
système équivoque que nous repoussons unanimement.

A notre avis la publicité est nécessaire. Elle est l'indispensable moyen d'empêcher le débiteur de contracter de nouvelles dettes et d'aliéner son actif.

DU MINISTÈRE PUBLIC.

Le jugement n'est pas notifié au Ministère public. La pensée du projet est de tenir le Parquet dans l'ignorance des opérations de la liquidation judiciaire.

Nous pensons qu'au contraire le Parquet doit être immédiatemeut averti. Il doit être mis en mesure de faire valoir les droits de l'ordre public. Car le fait de la cessation de paiements entraîne des conséquences juridiques qui n'intéressent pas seulement le débiteur et ses créanciers. Indépendamment de leurs intérêts privés, l'intérêt social est en jeu. Vous savez qu'il n'est même pas besoin qu'une faillite soit déclarée pour que le Parquet puisse poursuivre les crimes et délits spéciaux à la matière des faillites. Le droit du Ministère public est donc ouvert par la cessation de paiements. Loin de mettre obstacle à son exercice, la loi doit tout faire pour le provoquer. C'est à cette condition seulement qu'on empêchera les abus.

Par une assez surprenante contradiction, le projet (527) donne au Ministère public le droit de requérir la révocation du liquidateur dont nous parlerons plus loin. N'est-ce pas reconnaître ce droit d'intervention du Parquet dont on semble avoir pris soin d'empêcher l'exercice ? Comment le Parquet pourra-t-il demander cette révocation d'un liquidateur dont on lui a caché l'existence, et motiver ses réquisitions, alors qu'il ne lui a pas été possible de connaître les faits et circonstances de la liquidation judiciaire ?

Nous notons en passant la disposition de l'art. 527 qui introduit le Procureur de la République dans la chambre du Conseil du Tribunal de Commerce. Ce n'est assurément pas que nous ayons l'intention de la critiquer. Elle nous paraît au contraire un symptôme favorable du retour à la pensée d'établir un Ministère public auprès des Tribunaux de commerce.

DU DESSAISISSEMENT.

Le débiteur n'est pas dessaisi ; il peut toucher et recevoir.

A notre sens, cela est singulièrement dangereux et, de plus, contraire aux principes du droit.

Lorsqu'un commerçant en est arrivé, même sans qu'il y ait positivement de sa faute, à avoir cessé ses paiements, c'est-à-dire à avoir compromis sa situation et celle de ses créanciers, il est dangereux, pour eux et pour lui, de le laisser en possession de ses biens. C'est l'exposer à des tentations auxquelles il peut trop aisément succomber. L'interdiction de contracter de nouvelles dettes et d'aliéner l'actif, qui est le gage de ses créanciers, est insuffisante si on ne prend les moyens de la rendre efficace. Dans le projet elle n'a d'autre sanction que la privation du bénéfice de la liquidation judiciaire. Peut-on penser que la seule crainte de la faillite empêchera le débiteur de succomber à des faiblesses dont nous avons tant d'exemples ? Est-il prudent d'ailleurs de lui supposer, quand il administrera en définitive pour ses créanciers, plus de sagesse que lorsqu'il administrait pour lui-même ?

Il ne faut pas perdre de vue le principe, fondamental en cette matière, qui est écrit dans l'art. 2092. Tous les biens du débiteur sont le gage de ses créanciers. De droit commun, par conséquent, les créanciers peuvent mettre sous la main de justice tout ce qui appartient à leur débiteur. La loi commerciale, dans un intérêt d'ordre social, remplace l'action individuelle de chaque créancier par une action collective, mais elle ne peut le faire qu'à la condition que cette action présentera, pour la communauté forcément égalitaire qu'on appelle la masse, les mêmes garanties, si ce n'est de plus sérieuses, que l'exercice des droits individuels. Elle ne peut donc priver les créanciers du droit de dessaisir leur débiteur.

Le projet lui-même rend hommage au principe lorsqu'il maintient l'hypothèque de la masse, art. 444. Il fait pour les immeubles ce qu'il ne fait pas pour les meubles.

Il crée un système que l'honorable M. Laroze qualifie dans

son rapport de dessaisissement partiel ; système mal défini, présentant tous les inconvénients d'une situation fausse.

Notre avis est que le dessaisissement est une conséquence absolument nécessaire de la cessation de paiements.

DU LIQUIDATEUR.

Pour obvier, en partie, aux inconvénients de l'absence de dessaisissement, le projet place auprès du débiteur une personne à laquelle il donne le nom de Liquidateur.

Aux termes du rapport de l'honorable M. Laroze, ce liquidateur ne représente « ni le débiteur ni la masse » (page 75). Quelle est donc sa situation ? Celle d'un simple surveillant des intérêts des créanciers, et en même temps d'un Conseil donné au débiteur. Rôle difficile, mal défini, et qui deviendrait plus difficile encore si on le confiait, comme c'est la pensée de l'honorable rapporteur, « à un beau-père, à un ami riche et influent. » (Page 76).

Nous ferons remarquer plus loin que la terminologie du projet prête à de sérieuses critiques. Mais nous ne pouvons nous dispenser de faire observer, dès maintenant, que le nom de Liquidateur ne convient aucunement à la personne dont il s'agit, puisqu'elle n'a rien à liquider. Elle n'est, au moins dans cette période des opérations, qu'un simple surveillant. L'appellation de Commissaire eut été plus exacte.

En quoi consistera la surveillance ? On ne le voit pas bien. Dans certains cas le projet prévoit l'assistance du liquidateur. (Art. 442, 443, 446). Mais s'agit-il du recouvrement des créances, il semble que le débiteur pourra agir seul. Et en effet l'honorable rapporteur nous dit « qu'aux yeux du public « le débiteur paraît être encore à la tête de ses affaires » (page 75). Par conséquent rien ne lui sera plus aisé que de tromper une surveillance qui n'a rien d'effectif, d'encaisser ses créances, et de ne pas en remettre le montant à la Caisse des Consignations.

La surveillance du Liquidateur ne présente donc point de garanties suffisantes. Dans notre pensée le dessaisissement est chose nécessaire. Il faut que le débiteur soit remplacé désormais par un préposé de la justice, par un administrateur de ses biens, et que son rôle se borne désormais à une simple assistance.

DE LA CONTINUATION DU COMMERCE.

Il est dans la pensée du projet de loi que, sauf dans des cas exceptionnels, le débiteur continuera son commerce. Cela se comprend, puisqu'on veut qu'aux yeux du public il paraisse être encore à la tête de ses affaires.

Il suffit, pour que cette continuation ait lieu, de l'autorisation du juge-commissaire. (Art. 442). Toute partie intéressée peut, il est vrai, déférer au Tribunal l'ordonnance du Juge. Mais la décision du Tribunal est sans appel, sans recours en cassation. (Art. 574.)

Nous pensons que cette dernière disposition est excessive. En laissant au Tribunal de commerce un pouvoir absolu, elle sacrifie le droit des créanciers qui croiraient avoir à se plaindre d'une décision dont on ne peut méconnaître la gravité.

La continuation du commerce entraîne en effet des conséquences multiples et très complexes. Pratiquement, il est pour ainsi dire impossible qu'elle n'implique pas la création de dettes nouvelles, car on ne peut supposer que désormais e débiteur ne traitera plus qu'au comptant. Les opérations peuvent d'ailleurs amener de nouvelles pertes. Le projet ne détermine pas, comme il le fait pour le cas de faillite, par qui elles seront supportées. C'est une lacune que nous signalons en passant. Il nous suffit, pour justifier le droit d'appel que nous réclamons au profit des créanciers, de faire remarquer la gravité d'une mesure qui peut compromettre si gravement leurs intérêts.

DE LA CÉLÉRITÉ.

Le projet est inspiré par la pensée d'imprimer une grande célérité aux opérations de la liquidation judiciaire. Il porte (art 448) qu'en cas de contestation de créances le jugement doit être rendu, soit par le Tribunal de commerce, soit par le Tribunal civil, dans les 3 semaines à compter du renvoi prononcé par le juge-commissaire.

C'est méconnaître les dispositions du Code de procédure qui, en matière civile, accordent des délais pour la signification des conclusions. Quelle pourrait être, au surplus, la sanction d'une pareille disposition ?

La célérité est très désirable, mais il ne faut pas lui sacrifier les garanties que les délais légaux ont pour but et pour effet d'assurer aux justiciables.

Les auteurs du projet se font illusion sur la rapidité avec laquelle on pourra mener les opérations préliminaires au Concordat. Ils estiment qu'il s'écoulera, au maximum, un délai de 3 ou 4 mois. Il n'est pas impossible que, dans certains cas, leurs prévisions se réalisent. Mais ce ne sera que dans des cas assez rares. Ils croient avoir supprimé tous les procès qui résultent des reports de faillite. Supposons qu'ils y aient réussi. Ne voyons nous pas tous les jours des procès qui n'ont pas pour base un report de faillite ? Ceux là ne seront pas, et ne pourront pas être définitivement jugés avant l'expiration de délais beaucoup plus longs que ceux prévus au projet.

Prétendre faire juger définitivement, dans un délai de quelques mois, toutes les contestations que peut faire naître la faillite, c'est poursuivre une chimère.

Si l'on veut procéder avec célérité il est indispensable de recourir aux admissions provisoires.

DU CONCORDAT.

Le Concordat sur les propositions du débiteur doit être voté séance tenante. (Art. 455)

Ces propositions devraient être, au moins quelques jours à l'avance, remises au greffe où les créanciers pourraient en prendre connaissance. Il n'est pas possible que l'assemblée qui aura entendu, pour la première fois, lecture des propositions et reçu communication des observations du liquidateur et des contrôleurs, se trouve immédiatement en mesure de voter en connaissance de cause. Il peut y avoir lieu de vérifier certains faits ; il est des objections qui peuvent n'avoir pas été prévues et qui ne viennent à l'esprit qu'après réflexion. Les créanciers doivent avoir le temps de peser la situation qu'on veut leur faire.

Le projet se contente, pour l'acceptation du concordat, de la majorité simple en nombre et de la majorité des 2/3 en somme.

La loi actuelle exige la majorité simple en nombre, et la majorité des 3/4 en somme. Nous ne voyons pas de raison suffisante pour modifier sur ce point la législation. Il s'agit d'un acte grave et exceptionnel, qui imposera à la minorité des conditions qu'elle refuse d'accepter. On ne saurait l'entourer de trop de garanties.

Nous proposons donc de maintenir la majorité des 3[4 en somme dans tous les articles où le projet se contente de celle des 2[3.

A défaut de concordat le débiteur devient un failli : et ses créanciers sont de plein droit en état d'union.

Cela se comprend à merveille dans la législation actuelle ; mais c'est extrèmement rigoureux dans le système du projet de loi, qui n'admet pas qu'on puisse arriver au concordat autrement qu'en passant par la liquidation judiciaire : il en résulte que toutes les causes qui peuvent faire refuser au débiteur ou lui faire perdre le bénéfice de la liquidation judiciaire sont en même temps des causes qui rendent le concordat impossible et placent forcément les créanciers sous le régime de l'union.

Nous appelons particulièrement l'attention sur ce système qui nous parait présenter les plus graves inconvénients, et qui est empreint d'uue dureté excessive.

Aux termes du projet, la liquidation judiciaire ne peut-être ordonnée que sur requête présentée par le débiteur.

Il arrive assez souvent que la mauvaise situation d'un commerçant ne se révèle qu'à son décès et quelquefois par la nature de sa mort. Faut-il conclure du silence gardé à l'égard de ses héritiers que ceux-ci n'auront pas le droit de réclamer la liquidation judiciaire et que tout concordat sera par suite impossible? Si telle est la pensée des auteurs du projet, on ne comprend pas cette rigueur que rien ne justifie à l'encontre d'héritiers auxquels on ne peut avoir rien à reprocher.

Peut-être y a-t-il simplement une lacune à cet égard. Nous nous bornons à la signaler.

Il nous semble aussi qu'on peut attribuer à une omission l'absence de disposition qui limite à un certain nombre de fois la possibilité d'obtenir la Liquidation judiciaire. Celui qui aurait, par exemple, été mis deux fois déjà en liquidation ne devrait plus pouvoir être exempté de la qualification de failli.

Nous avons précédemment signalé à propos du délai fatal de 10 jours les inconvénients et les injustices qui résultent de ce système d'après lequel il n'y a de concordat que s'il y a liquidation judiciaire. La négligence du débiteur suffit pour priver ses créanciers du droit de passer avec lui un concordat qui pourrait leur être avantageux.

La condamnation du débiteur pour banqueroute simple rend impossible la liquidation judiciaire, (art. 468 5°) et par suite le concordat. Une telle rigueur ne se justifie pas.

Le projet renferme du reste, en ce qui concerne le cas de banqueroute simple, une véritable contradiction. Une condamnation de cette nature, si elle intervient après le concordat, n'est pas une cause d'annulation. Il semble que, logiquement, ce qui est un empêchement dirimant au contrat devrait être une cause d'annulation.

Nous pensons qu'en matière de banqueroute simple, c'est-à-dire lors qu'il y a eu imprudence et non mauvaise foi, il conviendrait de laisser aux Tribunaux le soin d'apprécier si les motifs de la condamnation sont de nature assez grave pour faire obstacle au concordat. Tout au moins devrait-on leur laisser cette faculté d'appréciation lorsque les faits n'entratnent pas nécessairement banqueroute, par exemple lorsque les livres n'ont pas été régulièrement tenus (art. 589).

Il est vrai qu'on peut ainsi arriver à ce résultat qu'un homme condamné comme banqueroutier n'aurait point cependant la qualification de failli. Si cela parait étrange au premier abord c'est parceque, d'après notre loi actuelle, l'état de faillite est une condition nécessaire du délit de banqueroute. Mais il est aisé de comprendre qu'en droit pénal une loi nouvelle puisse substituer l'état de liquidation judiciaire à l'état de faillite comme élément constitutif du délit. Tel est le sens du projet de loi puisqu'il admet, comme nous l'avons fait remarquer plus haut, qu'un homme qui a obtenu un concordat, qui par conséquent n'a jamais été failli, peut être ultérieurement condamné pour banqueroute simple, sans que le concordat soit annulé pour cela.

L'art. 468 n° 2 prive du bénéfice de la liquidation judiciaire le débiteur qui a « commis une fraude quelconque ». C'est bien large et bien vague. Une telle rédaction peut entraîner des conséquences fâcheuses. Les fraudes sont malheureusement fréquentes en matière de faillite, mais elles sont bien diverses ; elles sont plus ou moins graves, plus ou moins préjudiciables, plus ou moins excusables. Le projet les punit toutes d'une même peine, la faillite et l'union. Et, en ce faisant, il atteint non seulement le débiteur qu'il traite avec une inexorable dureté, mais encore ses créanciers qui, pour la faute, même légère, d'autrui, sont condamnés au régime de l'union.

Il est probable que le nombre des commerçants qui rempliraient les conditions exigées pour arriver au concordat orga-

nisé par le projet de loi serait assez restreint. Presque toutes les cessations de paiement entraîneraient faillite, union, vente judiciaire, c'est-à-dire frais, lenteurs, dépréciation d'actif, tout ce qui cause les plaintes du commerce. Le résultat pratique serait absolument contraire aux vœux qui ont inspiré les projets de réforme de la loi des faillites.

Il nous semble que les auteurs du projet n'ont envisagé le concordat que sous un seul aspect. Ils ne l'ont considéré que comme une faveur pour le débiteur. La nature de ce contrat est plus complexe. Les créanciers aussi y trouvent des avantages importants. C'est précisément pour cela qu'ils le consentent.

Le concordat est un contrat extrêmement favorable. Il a été inventé pour permettre de vaincre les résistances d'une minorité malveillante, ou mal éclairée, qui veut pousser jusqu'à l'abus les conséquences de son droit. Sous ce rapport il constitue une notable exception au droit commun, mais une exception que justifie pleinement l'expérience.

Dès qu'elle est admise dans notre droit, et on ne propose pas de la supprimer, cette convention doit être protégée par le principe de la liberté des conventions. Notre loi actuelle ne limite cette liberté que lorsqu'il y a des raisons d'ordre et de morale publics qui s'opposent à ce qu'elle produise effet. C'est pourquoi le concordat est soumis à l'homologation des Tribunaux qui examinent si les raisons d'intérêt supérieur dont nous venons d'indiquer la nature ne font point obstacle à ce qu'une convention, librement et régulièrement intervenue, reçoive son exécution.

Le projet nous semble avoir restreint le droit de concorder d'une manière très préjudiciable à l'intérêt des créanciers et du débiteur.

DE LA TERMINOLOGIE.

Il n'est pas impossible que le terminologie du projet ait été une des causes qui ont amené ses auteurs à se montrer si rigoureux en matière de concordat. Ils ont appelé de ce nom le traité qui termine la liquidation judiciaire ; et dès lors ils ont été conduits à dire que si les opérations n'aboutissent pas au concordat elles doivent se terminer nécessairement par l'état d'union.

Qu'on donne un autre nom à la liquidation judiciaire et au traité qui en est le but, qu'on l'appelle *arrangement*, par exemple, et alors on admettra sans peine qu'un commerçant qui n'a pas mérité la faveur exceptionnelle d'un arrangement ayant pour effet d'effacer les conséquences de la cessation de ses paiements, qu'un failli puisse néanmoins obtenir un concordat de ses créanciers.

Nous plaçons ici nos observations sur les dénominations adoptées dans le projet.

Le mot même de *Liquidation judiciaire* est inexact.

Le but de la loi est précisément de ne pas liquider l'actif du débiteur, de lui laisser continuer son commerce et de le replacer à la tête de ses affaires. Aussi dit-on, à l'art. 462, que les fonctions du liquidateur cessent aussitôt après que le jugement qui homologue le concordat est devenu définitif. Le débiteur est en effet désormais affranchi de toute surveillance et rendu à la liberté complète de ses actions. Il n'a rien liquidé.

La liquidation cesse donc sans avoir jamais commencé. Les fonctions du liquidateur, comme nous l'avons vu, ne sont pas du tout celles d'un homme qui liquide et se renferment dans une simple surveillance.

Il n'y a qu'un cas où la procédure aboutit à une véritable liquidation, c'est celui du concordat par abandon d'actif. Alors, pour réaliser cet actif, le liquidateur agit réellement, alors il représente les créanciers, il mérite son nom. L'opération est justement qualifiée liquidation.

Mais c'est précisément ce qui fait ressortir les inconvénients d'une terminologie qui emploie les mêmes dénominations pour des fonctions et des opérations qui sont essentiellement différentes.

Au cas de faillite le projet remplace le nom de *syndic* par celui *d'administrateur*. On ne voit pas de bonnes raisons pour cette substitution. Mieux vaut conserver une dénomination usuelle, consacrée par une longue pratique, et qui présente à l'esprit une idée nette.

BASES D'UN CONTRE-PROJET

La nature même des observations qui précèdent vous fait comprendre que nous n'avons point à vous proposer des changements de rédaction pour toute la partie du projet qui concerne la liquidation judiciaire. Ce ne sont pas les détails, c'est l'économie de ce régime nouveau qui est critiquée et repoussée par vos commissaires.

Nous n'avons point non plus à formuler un contre-projet et à dresser un libellé d'articles qui constitueraient une refonte entière de la loi des faillites. Ce travail considérable est évidemment en dehors de notre mission.

Mais nous ne voudrions pas que l'on pût nous considérer comme rebelles à toute idée d'innovation. Nous estimons, au contraire, qu'on peut introduire dans notre loi des améliorations qui répondent aux besoins et aux vœux exprimés depuis longtemps. Et nous croyons pouvoir vous exposer les bases principales sur lesquelles on pourrait établir un régime nouveau.

Nous sommes aussi hostiles que qui ce soit à la pratique détestable des concordats amiables. Mais il nous semble qu'il suffit, pour les proscrire, d'une disposition qui déclare nulles ces conventions. Ce serait un cas de plus à ajouter à ceux de l'art. 446 actuel qui annule certaines conventions en vertu d'une présomption légale de fraude tirée de leur nature et de leur date. L'expérience de chaque jour démontre que cette présomption n'est que trop justifiée en ce qui concerne les traités auxquels on donne le nom de concordats amiables. Le commerçant honnête qui se verra contraint de cesser ses paiements n'aura pas à regretter d'avoir perdu le droit de passer un pareil traité. Nous proposons de lui donner les moyens de s'arranger avec ses créanciers sous l'œil de la justice, en évitant les conséquences et les qualifications de la faillite.

Nous maintenons le principe que la cessation de paiements a pour conséquence légale l'état de faillite.

Mais nous admettons que la faillite pourra ne pas produire ses effets ordinaires lorsque le débiteur, remplissant les conditions prescrites, obtiendra le bénéfice d'un arrangement avec ses créanciers. Il sera notamment affranchi de la qualification de failli.

La procédure d'*arrangement* comporte :

Un jugement qui la déclare ouverte.

Ce jugement est rendu sur la requête du débiteur ou, s'il est décédé, de ses héritiers ou ayant-cause.

Il laisse le débiteur en liberté, sans caution.

Il emporte dessaisissement du débiteur, mais dispense de l'apposition de scellés.

Il nomme pour gérer les biens et affaires du débiteur un *administrateur* qui agit sous la surveillance du juge-commissaire et avec l'assistance du débiteur, ou lui dûment appelé.

Ce jugement est publié.

Il est notifié au Procureur de la République, qui a droit de surveiller toutes les opérations, et à qui l'administrateur doit rendre compte de la situation ainsi que de ses causes.

L'administrateur procède immédiatement à l'inventaire.

Immédiatement aussi il invite les créanciers à produire leurs titres dans un délai de quinzaine en joignant à cette production l'affirmation écrite de la créance.

L'administrateur peut être autorisé, sur la demande du débiteur, à continuer le commerce aux risques de la masse. Le jugement qui accorde cette autorisation est susceptible d'opposition de la part de tout intéressé, et peut être frappé d'appel : le tout dans un bref délai. Il porte que les tiers qui traiteront avec l'administrateur n'auront action que sur l'actif de la masse. Il est publié.

Dès que l'inventaire est clos, il est déposé au greffe où les créanciers en peuvent prendre connaissance pendant huitaine et faire leur dire de contestation contre les créances portées au passif ou résultant des productions faites.

S'il n'y a pas de contestations, il est passé outre à l'arrangement.

S'il y a des créances contestées, le Tribunal statue, dans la quinzaine, sur l'admission provisoire de ces créances. Sa décision est souveraine.

Trois jours après l'expiration de cette quinzaine, le débiteur dépose au greffe ses propositions d'arrangement.

Huit jours après ce dépôt, les créanciers votent sur l'acceptation ou le rejet de ces propositions.

Il faut pour qu'elles soient acceptées la majorité, simple en nombre, et des 3{4 en somme. L'homologation du Tribunal est nécessaire pour que l'arrangement produise effet.

Le débiteur qui obtient l'arrangement est affranchi de la qualification de failli et n'est frappé que des inéligibilités portées à l'art. 460 du projet.

La faillite produit ses conséquences ordinaires si les propositions sont rejetées.

Il en est de même si le débiteur perd, avant le vote, le bénéfice de la procédure d'arrangement. Le Tribunal peut, à toute époque de cette procédure, lui en retirer le bénéfice, soit sur la demande d'un intéressé, soit sur celle du Parquet, soit même d'office.

Dans tous les cas où l'arrangement n'a pas lieu il est donné suite aux opérations de faillite qui n'ont pas encore été accomplies et notamment il est procédé à la vérification et à l'affirmation des créances.

Le failli peut toujours obtenir un concordat, même quand ses propositions d'arrangement ont été repoussées. Il est possible en effet que, par le résultat de la vérification des créances après jugement définitif des contestations, les conditions de la majorité aient été changées, ou que d'autres circonstances aient modifié la situation.

Ainsi nous admettons trois états pour le débiteur qui cesse ses paiements. Il peut obtenir un arrangement, qui est une faveur exceptionnelle. Il peut être failli concordataire. Il peut être failli en état d'union.

Pour l'arrangement nous voulons que le débiteur soit digne

de cette faveur par son absolue bonne foi. Tandis que le concordat peut être accordé même au failli qui n'est pas exempt
de faute.

Pour l'arrangement nous supprimons la vérification des
créances, cause de lenteurs considérables. Si le débiteur est
réellement de bonne foi, la situation révélée par l'inventaire
sera le plus souvent exacte. D'ailleurs le Tribunal de Commerce
statuera sur les admissions provisoires des créances contestées. Ses décisions à cet égard ne seront susceptibles d'aucun
recours.

Nous croyons qu'on pourrait sur ces bases, qu'il suffit d'indiquer car il n'entre pas dans notre pensée de formuler un
contre-projet de loi, organiser un système qui, tout en présentant à l'ordre public et aux intérêts privés de suffisantes garanties, permettrait de terminer rapidement, par un arrangement,
un grand nombre de faillites et surtout de petites faillites.

2me PARTIE.

Nous abordons la seconde partie de notre travail, c'est-à-dire l'examen des modifications proposées dans le projet pour le cas où le débiteur, n'ayant point le bénéfice de la liquidation judiciaire, se trouve en état de faillite.

Nous reprenons donc le projet de loi, à partir du titre II, en vous présentant nos observations, sur des points de détail, par renvoi aux numéros des articles du projet.

Nous ne reviendrons pas toutefois sur les observations précédentes, ce qui amènerait d'inutiles répétitions. Nous laissons de côté tout ce qui concerne le nouveau régime de la liquidation judiciaire et ses conséquences.

Art. 471.

Le projet admet, comme la loi actuelle, que la faillite peut-être reportée à une date quelconque.

Nous pensons qu'il conviendrait d'améliorer sur ce point notre législation en limitant à 2 ans la possibilité du report de faillite.

Ce serait une prescription de l'action en report.

Elle est motivée par de très graves considérations d'intérêt public. Ce sont en effet les procès en report qui sont la principale cause des complications qui entravent la marche des faillites. N'avons nous pas vu, ici même, à Amiens, des faillites reportées à plus de dix ans de date ?

Il est incontestable que, dans certains cas, on pourra regretter de ne pas atteindre les actes d'un créancier habile et influent qui, après s'être fait donner des garanties, soutiendra le débiteur pendant un certain temps pour conserver le bénéfice des avantages qu'il se sera fait consentir.

Mais il nous paraît difficile qu'il le soutienne ainsi pendant plus de deux ans sans que les autres créanciers aient pu se rendre compte de la situation d'un débiteur qui serait réellement en état de cessation de paiements. Si ces autres créanciers n'ont pas agi, la faute en est à leur négligence.

Toute prescription implique une négligence qui fait perdre un droit d'ailleurs certain. Elle sacrifie ce droit à la nécessité de respecter des situations de fait et de ne pas jeter la perturbation dans les transactions. C'est l'intérêt social qui l'emporte sur le droit pur.

Dans la matière qui nous occupe, nous estimons que l'intérêt public est suffisamment engagé pour qu'on crée une prescription de courte durée.

Le délai de deux ans que nous proposons est intermédiaire entre celui de trois ans adopté en Italie et celui d'un an adopté en Angleterre, en Belgique et en Allemagne.

Art. 474.

Dans cet article, et dans ceux qui portent les numéros 439 et 456 le projet s'occupe de la faillite d'une Société comprenant des membres qui sont tenus solidairement de ses obligations.

Nous ne critiquons point les dispositions adoptées.

Mais nous croyons qu'elles gagneraient en clarté si on adoptait une autre rédaction en partant de cette idée bien nette qu'il y a alors plusieurs faillites. D'abord la faillite sociale, et ensuite autant de faillites distinctes qu'il y a d'associés tenus solidairement ; chacune de ces faillites ayant son organisation particulière, son juge-commissaire, son syndic, son actif, son passif, etc.

Art. 477.

N'y aurait-il pas lieu de régler les effets du dessaisissement relativement aux lettres et télégrammes adressés au failli ? Il serait bon de prendre des mesures pour assurer le respect de la correspondance purement privée. On peut donner au failli le droit d'assister à l'ouverture des lettres et dépêches et de réclamer la remise immédiate de tout ce qui n'intéresse pas la masse.

Art. 479 et 480.

Ces articles sont ceux qui doivent remplacer les art. 446 et 447 du Code de commerce actuel. Nous y trouvons deux innovations qui, suivant nous, doivent-être repoussées.

I. Le projet n'applique la présomption légale de fraude qu'aux actes, dont il spécifie la nature, qui se seraient accompli *depuis* la cessation de paiements. Il supprime la période des *dix jours* antérieurs pendant laquelle ces mêmes actes, sous le code actuel, sont frappés de la même présomption de fraude.

Il nous paraîtrait extrêmement fâcheux d'obliger la masse à intenter un procès de fraude dans les termes du droit commun pour faire tomber les actes accomplis dans cette période de dix jours.

La nature des opérations et leur date parlent bien clairement. N'est-il pas manifeste qu'un paiement pour dette non échue fait par un commerçant qui, moins de dix jours après, tombe en faillite, ne peut avoir eu pour cause que le désir de soustraire le créancier ainsi payé au sort commun des autres ? Dans le système du projet on sera obligé pour le faire annuler d'introduire une instance et de rapporter les preuves exigées pour l'application de l'article 1167 du Code civil. Est-ce là le moyen de diminuer les procès et d'accélérer la marche des faillites ?

Le projet semble d'ailleurs oublier que la fraude en pareil cas est toute spéciale à la matière. De droit commun il n'y a aucune fraude à se faire payer ce dont on est légitimement créancier, même quand la dette ne serait pas échue De sorte que tous les actes accomplis dans les dix jours, et qui ne constitueraient que la fraude cemmerciale qui consiste à se soustraire au sort de la masse, devraient être maintenus.

Nous croyons que ce résultat serait fort regrettable. L'expérience faite depuis longues années a pleinement confirmé la sagesse des dispositions actuelles en ce qui concerne la présomption légale de fraude appliquée aux actes intervenus dans les dix jours.

II. L'article 447 actuel n'atteint que des actes accomplis *depuis* la cessation de paiement, par cette raison très simple qu'il fait de la connaissance de la cessation de paiement une des conditions de l'annulation : on ne connaît que ce qui existe. Cette condition ne suffit pas. Les Tribunaux, qui ne sont pas ici liés par une présomption légale, doivent apprécier les circonstances. Cela tient à ce qu'il s'agit d'actes dont la nature n'est plus la même que celle des agissements prévus à l'article 446.

Au nombre des opérations qui peuvent être atteintes de cette annulation facultative se trouvent les paiements pour dettes échues. Le projet innove sur ce point et rend l'annulation obligatoire. Aussi transporte-t-il à son article 479 (446 actuel) la disposition relative à ces paiements pour dettes échues.

Suivant les auteurs du projet dès qu'un créancier connaît

la cessation des paiements au moment où il reçoit le montant de sa créance, même exigible, il commet nécessairement un acte préjudiciable et frauduleux ; il doit rapporter.

Nous ne sommes pas de cet avis. Voici un créancier hypothécaire à qui le débiteur offre paiement de sa dette qui est échue. Ce créancier sait que le débiteur est en état de cessation de paiements. Mais cela ne l'autorise pas à refuser de recevoir ; il y pourrait être contraint par des offres régulières. Il touche donc et, par suite, donne main levée de son hypothèque. Plus tard la faillite du débiteur est déclarée et reportée à une date antérieure au paiement reçu. Le projet veut que le créancier rapporte. Mais peut-on lui rendre son hypothèque désormais radiée et qui lui assurait des droits maintenant perdus ? Le réduire à l'état de créancier chirographaire, c'est une évidente injustice.

Cet exemple suffit pour démontrer qu'il est nécessaire de laisser aux Tribunaux, en matière de paiement de dettes échues, une faculté d'appréciation qui n'a jamais donné lieu à critique sérieuse.

Art. 483 à 508.

Nous croyons qu'il serait nécessaire de dire expressément que les formalités qui auraient été accomplies pendant les opérations de liquidation judiciaire ne seront pas recommencées en cas de faillite.

On pourrait croire en effet, d'après la rédaction du projet, que, la faillite survenant, tout devrait être recommencé, ce qui entraînerait des lenteurs considérables et absolument inutiles. Nous avons surtout en vue les formalités de la vérification des créances.

Art. 489.

Ceci est une simple observation de rédaction.

Il s'agit de l'inscription de la masse. Pourquoi dire que l'administrateur (nous disons le Syndic) la fera inscrire sur les immeubles « dont il connaît l'existence » ? Ces derniers mots sont inutiles puisqu'il s'agit d'une hypothèque générale qui frappe tous les immeubles du débiteur, connus ou inconnus.

Art. 504.

En exigeant que l'administrateur (le Syndic) rapporte main-levée des oppositions pour retirer les fonds par lui déposés à la caisse des consignations on crée une situation qui peut être embarassante.

On sait qu'une opposition rend indisponible des sommes bien supérieures au montant de ses causes. La caisse des consignations est, d'autre part, notoirement très exigeante en matière de justifications et ne se dessaisit qu'à bon escient.

Il nous semble qu'on pourrait dispenser le Syndic de l'obligation de rapporter main-levée.

En réalité la caisse des consignations n'est ici que la Caisse du Syndic, et les oppositions faites sur les deniers de la masse ne sont que des réclamations adressées à la masse.

La masse n'est pas un débiteur ordinaire dont on puisse avoir à craindre la mauvaise foi Elle n'agit que par un Syndic, qui est un administrateur judiciaire, et qui est surveillé par le juge-commissaire. Ce sont là des garanties.

Il nous semble qu'on pourrait autoriser la caisse des consignations à se dessaisir, nonobstant toutes oppositions, entre les mains des personnes qui seraient déterminées par ordonnance du juge-commissaire.

En effet le dépôt à la caisse des consignations n'a été prescrit que par mesure de précaution contre les malversations possibles du syndic : sans cette crainte les fonds de la masse seraient restés dans les mains de ce représentant de la masse. Les créanciers de celle-ci n'auraient eu contre elle que leur droit d'action ordinaire.

On ne leur porte pas préjudice en leur laissant cette situation, et on pare au danger de malversation du syndic en prescrivant à la caisse de ne se dessaisir qu'entre les mains des tiers désignés par l'ordonnance du juge. Il en résulte en effet que le syndic n'a point le maniement des fonds.

Art. 530.

Le projet autorise les créanciers à nommer des contrôleurs, chargés de surveiller les opérations de la faillite. On ne voit pas pourquoi il ne leur permet pas de décider que le travail de ces contrôleurs sera rémunéré.

Il est d'expérience que la gratuité d'une fonction a trop souvent pour corollaire la négligence dans l'accomplissement des devoirs qu'elle impose.

Art. 575.

Il serait utile de préciser la situation du failli lorsque les opérations sont closes pour insuffisance d'actif.

On dit bien que les créanciers rentrent dans l'exercice de leurs droits, sauf à attendre un délai d'un mois pour les faire valoir. Mais on ne s'explique point sur la capacité du failli, ou du moins on ne s'explique que sur son incapacité électorale, pour dire qu'elle subsiste.

Nous pensons que la restitution de la capacité civile du failli doit être la conséquence de la clôture prononcée. Il n'y a plus de syndic, il ne peut plus y avoir de dessaisissement. Le failli doit reprendre son droit d'agir puisque les créanciers reprennent le leur. Il peut recueillir une succession, traiter, transiger, etc., tant que le jugement de clôture n'est pas rapporté.

Si tel est le droit, il est bon de le dire. Car cela intéresse aussi les tiers.

De plus il conviendrait de s'expliquer sur le sort, en cas de réouverture des opérations, des créances nouvelles résultant de transactions postérieures au jugement de clôture, et sur leur concours avec les créances antérieures.

Art. 578.

La malversation du liquidateur ou du syndic est un délit créé par le projet. Ce délit sera puni des peines de l'abus de confiance. (408, 406 Code Pénal).

La malversation sera donc autre chose que l'abus de confiance. Mais en quoi consistera-t-elle ? Cela n'est pas défini.

Il nous paraît que les principes généraux du droit pénal commandent une spécification qui fait ici complètement défaut. De même que les conditions de l'abus de confiance sont déterminées par l'article 408, de même on doit déterminer celles de la malversation ; sans quoi les Tribunaux auraient un pouvoir absolument arbitraire.

Nous comprendrions qu'on fît, par exemple, un cas de malversation de la connivence du syndic aux agissements des personnes qui présentent des créances supposées ou volontairement exagérées. (Art. 579 du projet).

Art. 583 à 586.

Ceci est une simple observation de classification.

Il paraîtrait plus naturel de placer au chapitre de la banqueroute simple l'art. 583, qui spécifie un cas de banqueroute simple, et à celui de la banqueroute frauduleuse l'art. 584, qui détermine des cas de banqueroute frauduleuse.

Les art. 585 et 586 ne renferment que des dispositions accessoires à celles portées aux deux articles précédents.

Art. 583,

Il semble bien rigoureux de faire de la simple fuite un cas de banqueroute simple. Tout au moins faudrait-il le classer au nombre de ceux où les tribunaux sont libres d'apprécier s'il y a lieu de considérer le fait comme délictueux. (Art. 589 du projet.)

La disposition qui déclare banqueroutiers simples les directeurs et membres du conseil d'administration « qui ont « contrevenu aux dispositions des statuts interdisant *certains* « *genres* d'opérations » est conçue en des termes dont le vague ne satisfait point aux conditions essentielles d'une loi pénale.

Il semble du reste que si cette contravention aux statuts sociaux peut constituer un délit, c'est dans la loi sur les Sociétés qu'il conviendrait de le prévoir, de le régler et de le punir.

Art. 588,

Nous approuvons pleinement la disposition du projet relative aux valeurs de complaisance, mais nous la voudrions plus étendue.

Ce n'est pas seulement lorsqu'on a recours à cette très

fâcheuse pratique « dans l'intention de retarder la cessation de
« ses paiements, » c'est d'une façon générale et absolue que la
création de valeurs de complaisance doit constituer un cas de
banqueroute simple. Le fait de souscrire des valeurs sans
cause, ou d'en mettre sciemment dans la circulation, constitue
en effet une imprudence grave qui expose le commerçant à se
ruiner et à ruiner ses créanciers. Il contribue d'ailleurs à
tromper le public par une circulation fictive et nuit gravement
à la sécurité des transactions commerciales.

En résumé votre Commission vous propose de donner
votre approbation à la pensée qui a inspiré le projet de loi.

Mais de formuler les critiques suivantes contre le régime
de liquidation judiciaire tel qu'il résulte du projet.

La dénomination de liquidation est impropre.

Le débiteur doit être dessaisi. Un inventaire est nécessaire.

Le jugement qui constate la cessation de paiements doit
être publié. Il doit être notifié au ministère public.

La procédure organisée, qui comprend la vérification et
l'affirmation des créances, comporte des délais trop longs.

Le projet fait au débiteur, s'il n'obtient pas ou s'il perd le
bénéfice de la liquidation judiciaire, et fait en même temps à
ses créanciers une situation trop dure en les condamnant à
l'état d'union.

En conséquence votre commission estime qu'il y aurait lieu
de remanier le projet sur les bases indiquées plus haut.

Le débiteur pourrait obtenir, à la condition d'une entière
bonne foi, la faveur d'un arrangement judiciaire qui ferait
disparaître la qualification de failli.

L'arrangement interviendrait après l'inventaire terminé et avant la procédure de vérification des créances.

Si le débiteur n'obtenait pas ou perdait la faveur de l'arrangement il ne serait pas pour cela privé du droit d'obtenir un concordat.

Relativement aux dispositions de détail relatives à l'état de faillite votre Commission vous propose de formuler les avis suivants.

DROIT COMMERCIAL.

1. La faillite de chaque associé solidairement tenu des dettes d'une Société qui cesse ses paiements doit être organisée distinctement.

2. La possibilité du report de faillite doit être limitée à deux ans de la date du jugement d'ouverture.

3. Les articles 446 et 447 actuels doivent être maintenus dans leur économie.

Il y aurait lieu d'ajouter à l'art. 446 une disposition qui frapperait de nullité absolue les concordats amiables.

4. La masse doit avoir le droit de rémunérer les fonctions qu'elle confie à ceux qui administrent ou surveillent pour elle.

5. Le retrait des fonds déposés à la Caisse par le syndic doit être organisé de manière à éviter les lenteurs et les difficultés qu'entraîne l'obligation de rapporter la main-levée des oppositions.

6. La loi doit préciser la capacité juridique du débiteur dont la faillite est close pour insuffisance d'actif.

DROIT PÉNAL.

1. Les délits spéciaux créés contre les administrateurs de Société appartiennent à la loi sur les Sociétés.

2. Le délit de malversation créé à la charge du syndic doit être défini exactement.

3. La création ou mise en circulation de valeurs de complaisance doit être un cas de banqueroute simple.

Les membres de la Commission.

DAUSSY, Président de chambre.

OUDIN
MOULLART } Conseillers
DELPECH

DURAND, substitut du Procureur général.

www.ingramcontent.com/pod-product-compliance
Lightning Source LLC
Chambersburg PA
CBHW060504210326
41520CB00015B/4087